VIVIR EN EL AGUA

VIVIR EN EL AGUA

CASAS CONTEMPORÁNEAS CERCA DEL AGUA

Al igual que las calles y carreteras definen las ciudades, el agua conforma el paisaje. Desciende de las montañas y se transforma en arroyos, afluentes y grandes ríos serpenteantes que crean lagos, fiordos y mares interiores, atraviesa deltas y marismas, llega hasta la costa y, una vez allí, desemboca en las enormes reservas oceánicas. Pero no siempre se desplaza a la misma velocidad. Adopta distintas características y forja una relación nueva con cada entorno en el que se integra. No resulta sorprendente, por lo tanto, que los paisajes naturales y las residencias más peculiares se hallen en los lugares en los que el agua se encuentra con la tierra, ya sea un archipiélago, una playa solitaria, la ribera de un río o una costa escarpada.

La arquitectura se apoya en cuatro pilares básicos: paredes, tejados, ventanas y puertas. Cuatro elementos con un mismo propósito: actuar como barrera entre un espacio interior controlado y un espacio exterior natural y mucho menos predecible. La construcción de edificios tiene una relación conflictiva con el agua; en función de la ubicación (el Ártico, los trópicos o cualquier clima intermedio), la nieve, el hielo, la lluvia y la humedad son los grandes adversarios de los arquitectos.

Sin embargo, allí donde hay agua existen infinitas posibilidades para la innovación arquitectónica. En un momento en el que las técnicas locales de construcción de todo el planeta se han centrado en crear bloques sellados de forma hermética, existe un grupo de viviendas, pequeño pero muy significativo, que prefiere utilizar una perspectiva más sensible y en el que la relación entre el paisaje, las casas, el agua (lagos, ríos y océanos) y las condiciones climatológicas (niebla, lluvia y nieve) condiciona el diseño de forma voluntaria.

Para que un edificio mantenga un diálogo con su entorno, es necesario que sea capaz de responder a las dificultades que le plantea. El agua es un lienzo visual cambiante y móvil que absorbe y refleja todos los matices cromáticos y es capaz de convertir lo plano en escultórico en un instante. Es un elemento voluble: su comportamiento puede ser repentinamente bullicioso y dinámico pero también contenido y sereno. Las tranquilas islas de un archipiélago boscoso pueden resultar apropiadas para construcciones discretas, pero las costas escarpadas y su clima tempestuoso dan cabida a diseños bastante más desafiantes. Estas consideraciones estéticas y climatológicas son cruciales para las casas situadas cerca del agua o directamente sobre ella.

Si se utilizan con convicción y con una cierta inteligencia, el agua, la arquitectura y el paisaje pueden crear hogares de una destreza técnica y una belleza excepcionales, una conjunción sublime al alcance de unos pocos elegidos. Este libro recopila algunos proyectos que lo consiguen. Residencias privadas en diversos emplazamientos demuestran, por medio de distintos diseños y técnicas, que el agua se puede convertir en el mejor aliado de un edificio.

[1] CON VISTAS AL AGUA

Las masas de agua —ya sean grandes e inconmensurables, pequeñas y medibles o en constante movimiento— representan un tipo particular de serenidad. El cielo abierto nos permite sentir el espacio, la amplitud; del mismo modo, los planos acuosos ininterrumpidos, como lagos y mares, configuran un espacio para la meditación que permite recrearse en el paisaje. Es perfectamente lógico, por tanto, que los seres humanos quieran construir sus hogares en la intersección entre la *terra firma* y la *terra incognita*, entre la tierra y el horizonte que se pierde en el infinito.

Los arquitectos que se enfrentan a la tarea de diseñar una casa con vistas a una masa de agua deben superar un reto importante. En la mayor parte de los casos existen unas vistas extraordinarias que hay que tener en cuenta, pero también es imprescindible prestar atención a muchos otros aspectos: con independencia de las vistas, la relación entre la casa y el paisaje exige tomar decisiones que dependen del entorno concreto, del clima y de los deseos del cliente y que llevan a preguntarse hasta qué punto se quiere interactuar (o no) con el agua en la forma de vivir. En cuanto a la luz natural, normalmente brilla más cuando se refleja. ¿Es mejor filtrarla o dejar que caiga en cascada?

Las mejores casas, tal y como demuestran los proyectos de este capítulo, se oponen a la imposición artificial de su presencia en un entorno natural. Los diseños que integran la fugacidad de la vida junto al agua (la brisa, los aromas y los sonidos) son los únicos que permiten una arraigada sensación de pertenencia.

CASA KTIMA

2014 | Antíparos, Grecia

Ubicada en la isla griega de Antíparos, la Casa Ktima (literalmente, una parcela de tierra fértil) es una villa semisubterránea orientada al mar. Desde la entrada en tierra firme parece un extenso y grueso muro lleno de vértices, con numerosos elementos pequeños que salpican el árido entorno. La topografía del terreno ayuda a disimular el tamaño de la construcción. Se trata, en cierto sentido, de una extensión de las plataformas y paredes originales existentes en esta ladera empinada trabajada con precisión hasta convertirla en una residencia de verano de un tamaño engañoso.

La composición y distribución de la casa permiten que casi todas las habitaciones dispongan de vistas al agua y acceso a amplios patios que se mantienen frescos durante las horas más calurosas del día. El techo verde se fusiona con la vegetación y resulta esencial para la regulación térmica del interior. A su vez, los pozos de luz incrustados en el suelo facilitan la ventilación cruzada de las diferentes estancias.

VILLA EDÉN

2015 | Gardone Riviera, Italia

En la orilla occidental del lago Garda, en Italia, Villa Edén se asienta con rotundidad sobre una ladera en Gardone Riviera, consciente de su grandeza. Una elegante galería de columnas esbeltas (una especie de pérgola, característica de las *limonaias*, los campos de limoneros de la zona) protege del sol un mirador con vistas al agua, pero la construcción se despliega en el terreno como una expresión sólida y contundente de cemento y piedra de las canteras locales. El interior, donde predomina la madera, ofrece una atmósfera mucho más sosegada. Las zonas comunes y los dormitorios están orientados al lago, y el resto de los espacios se encuentra en la parte posterior del edificio, menos visible. Todas las estancias están conectadas por la amplia terraza y la piscina con vistas al lago y a un hermoso paisaje de cipreses.

CORRALES DE VORONOI

2012 | Milos, Grecia

Situado en un vasto espacio natural protegido de la isla griega de Milos, los Corrales de Voronoi es un edificio de formas primitivas similares a las que existen en el entorno. Su meticulosa ubicación saca el máximo partido de los vientos, la flora, las vistas, la trayectoria del sol y los sonidos del mar. El concepto parte de una cuadrícula basada en las ideas del matemático ruso Georgy Voronoi.

Aislada sobre un acantilado, la casa está construida con bloques de piedra caliza que forman un toldo blanco resplandeciente. El tejado, que recuerda a una concha rudimentaria, desciende desde una dovela central, alivia la masa de la estructura y enmarca un pequeño patio rodeado de habitaciones. El vínculo de la casa con el mar y un campo de olivos, viñas y vegetación mediterránea (protegido por un sinuoso muro de piedra seca) refleja la intención de los propietarios: difuminar la frontera entre la vida interior y exterior.

Fougeron Architecture

FALL HOUSE

2011 | Big Sur, California, EE. UU.

Encaramada a casi 80 metros de altitud sobre el Pacífico, en un acantilado poblado de vegetación, esta casa de California está compuesta por dos volúmenes unidos por un espacio acristalado que hace las veces de biblioteca y centro de reunión. El edificio más pequeño, construido en voladizo, está orientado al océano.

El interior de planta abierta marca el tono, diáfano y oculto al mismo tiempo. Los cambios de nivel del terreno delimitan los distintos espacios encajados y favorecen un diálogo íntimo con el agua. El límite de la propiedad, formado por patios y terrazas, alberga un delicado ecosistema de plantas autóctonas, resistentes a la sequía, y responde a la filosofía sostenible del conjunto: la vegetación reduce la erosión del suelo y proporciona nuevos hábitats para la fauna local.

La Casa del Acantilado de Calpe, en Alicante (España), está definida por una serie de fuertes movimientos formales. Las robustas paredes blancas y el descomunal voladizo que parece desafiar la ley de la gravedad caracterizan una casa que juega con su propia destreza estructural sin descuidar las referencias a la escarpada topografía de su audaz ubicación. Situada sobre una ladera de la costa, una enorme plataforma horizontal de aspecto monolítico mira directamente al mar y, a los lados, las luces periféricas del puerto iluminan la costa.

La escalera de entrada parte de una terraza con piscina y asciende, en un sugerente juego de luces y sombras, por un amplio muro estructural hasta alcanzar la parte inferior del voladizo. El interior mantiene el carácter minimalista. Las ventanas atraen toda la atención con sus vistas al mar y a los afloramientos rocosos.

GilBartolomé Architects

CASA DEL ACANTILADO

2015 | Granada, España

Incrustada en una pronunciada ladera próxima a Granada, en España, esta casa cuenta con una fachada poco convencional. En un acantilado con una inclinación de cuarenta y dos grados, una construcción normal tendría que hacer muchas concesiones (tener mayor altura, por ejemplo, o incorporar grandes vanos innecesarios en la fachada) para aprovechar las espectaculares vistas del Mediterráneo. Pero esta casa enorme y luminosa se esconde tras un exterior «con escamas», una cáscara de cemento con una geometría muy compleja que se construyó mediante un sistema de encofrado artesanal en forma de malla metálica deformable. Las escamas de zinc rematan la cubierta y la aíslan del clima.

La casa, con un tamaño aparentemente modesto, oculta otra función más sorprendente. El salón principal puede llegar a funcionar como un auditorio con capacidad para setenta personas, o incluso más, si acoge una gran fiesta. Las actividades pueden prolongarse en la espaciosa terraza, que cuenta con una piscina y unas vistas increíbles de la costa.

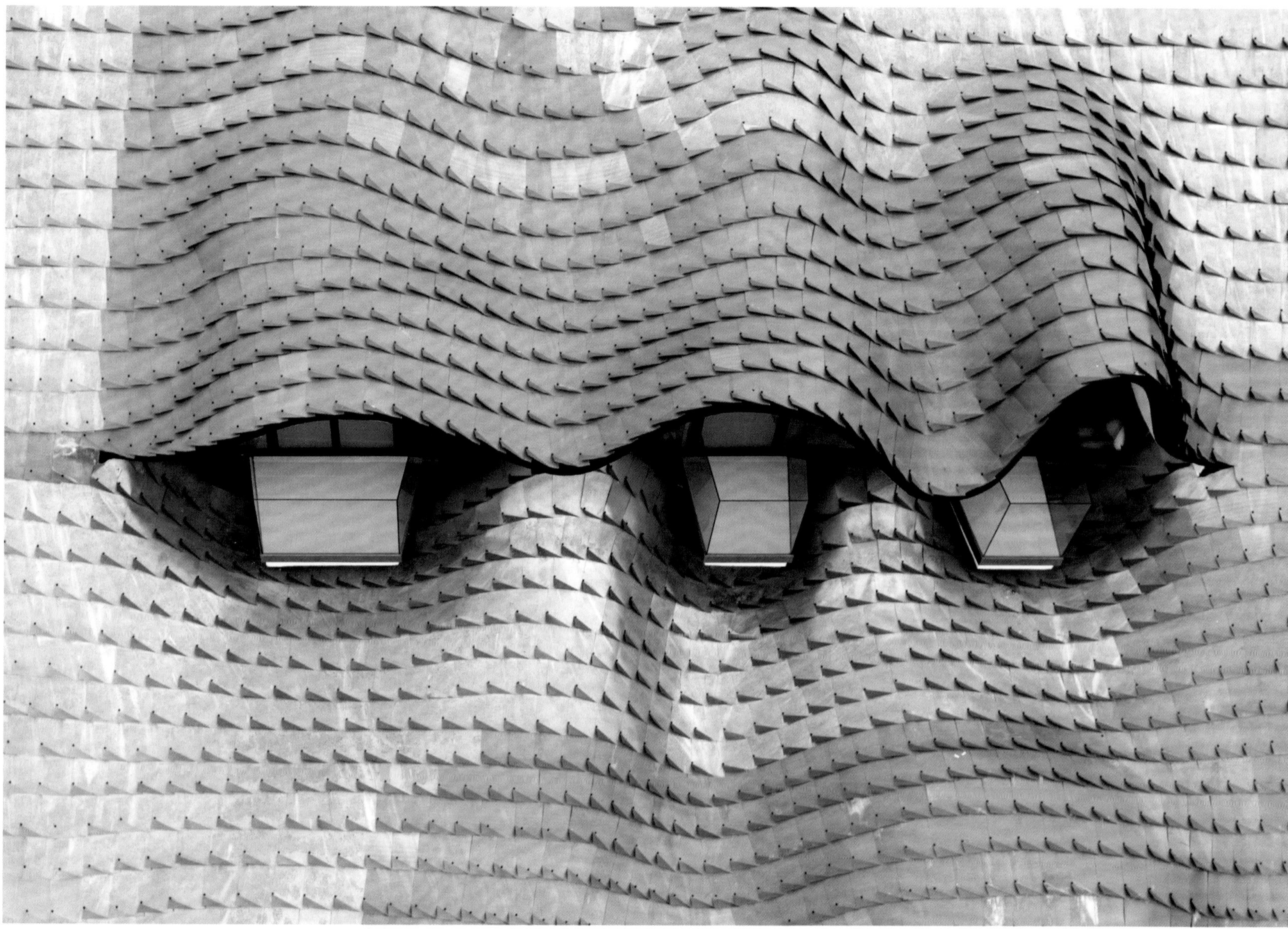

Gubbins Arquitectos
CASA MIRADOR
2015 | Tunquén, Chile

Situada cerca de Cachagua, en la costa chilena de Tunquén, la Casa Mirador es una residencia de verano diseñada para uso del propio arquitecto. El edificio evoca uno de los proyectos trascendentales de la disciplina, la Villa Saboye de Poissy, en Francia, proyectada por Le Corbusier en la década de 1930 como manifiesto modernista. Aunque existe una diferencia esencial, el acabado material, que en este caso, debido al hormigón con las marcas de la madera del encofrado, recuerda al escarpado acantilado sobre el que se alza.

Con sus dos terrazas a ambos lados abiertas al mar y al campo, respectivamente, la casa se eleva del suelo con convicción. Los espacios comunes del interior, sin embargo, presentan un carácter más cálido y menos contundente. La luz natural penetra con fluidez y las ventanas enmarcan las vistas del paisaje.

Garcés - de Seta - Bonet
CASA PLATA
2006 | Tamariu, Girona, España

Acurrucada en un acantilado de la costa española, cerca de Girona, la Casa Plata es un edificio de hormigón que parece fundido con la roca. Da la impresión de que los distintos volúmenes emergen directamente del suelo. El conjunto desciende en cascada sobre el terreno en una serie de terrazas y patios sombreados.

Los espacios abiertos, orientados al Mediterráneo y a los afloramientos rocosos del acantilado, establecen un vínculo especial entre la casa y el exterior. El paisaje invade las terrazas y crea un contraste sorprendente con los impolutos interiores blancos. La escalera que desciende a la terraza inferior parece tallada en la roca, y se presenta como algo que se sustrae del acantilado y no como una adición de espacio.

Esta construcción, situada en la costa de Zapallar, en Chile, personifica un tipo particular de energía. Volúmenes de distintos tamaños se bifurcan en dirección al agua en un intento de atrapar las vistas, como su propio nombre sugiere. El diseño se basó en un estudio del paisaje que tuvo en cuenta la proximidad de un rompeolas y de un barranco poco profundo.

Los paneles prefabricados de hormigón, que se montaron en el lugar, permitieron construir un edificio capaz de resistir la fuerza del clima costero. El amplio interior, con tratamiento en blanco brillante y suelos de madera oscura, se selló con grandes cristaleras que permiten captar las diferentes vistas y las variaciones de luz en cualquier momento del día.

CASA EN GOLEEN

2009 | Spanish Cove, condado de Cork, Irlanda

Situada cerca de la localidad costera de Spanish Cove, en el condado de Cork, la casa está construida en un área famosa por su belleza natural. Un acantilado marca la única frontera entre el mar céltico y el edificio, ubicado junto a un arroyo. La construcción imita la velocidad y la serenidad del agua con una serie de pabellones lineales que enmarcan pequeños espacios vacíos y patios interiores que conducen a una terraza con vistas al mar y a las islas de West Cork. Los pabellones, revestidos de caliza azul de Irlanda, dialogan entre ellos y con el suelo. Cuando la erosión los desgaste, adquirirán un tono acorde con las formaciones de los acantilados de la zona, que se vuelven oscuros y reflectantes con la humedad.

Brissago, una pequeña población suiza en la frontera con Italia, está situada a orillas de un extenso lago alpino. Esta casa, un monolito de paneles de hormigón lavado rectangulares, se eleva muy por encima del agua desde la inclinada topografía del terreno. Un pasaje conduce a los visitantes a la entrada, que incluye un patio interior y un sencillo olivar.

Las zonas comunes, construidas con precisión, comparten la granularidad material. Los grandes ventanales que salpican los gruesos muros enmarcan las vistas del lago y las montañas de la otra orilla: se extienden desde el suelo hasta el techo e inundan los espacios de luz natural. Un zócalo independiente, situado un poco más abajo, alberga una terraza con piscina desde la que se puede contemplar el lago.

Cazú Zegers
CASA DO
2001 | Los Vilos, Chile

La Casa Do, situada en Los Vilos, en la costa central de Chile, es una villa residencial que recuerda a una fortaleza. Construida con notable precisión sobre una playa de piedra del Pacífico, es al mismo tiempo defensiva (ofrece un escudo frente a los posibles ataques del océano) y tranquila.

El muro circular de hormigón recuerda a dos brazos protectores y marca el límite de la casa. La pasarela que parte de la entrada de la finca divide el edificio y señala hacia el mar. Casi todas las superficies del interior (paredes, techos y otras estructuras) dejan a la vista el hormigón, salvo el suelo, revestido con madera. Dos grandes paredes acristaladas, una mirando al mar y otra a los campos, inundan de luz natural los altos espacios interiores y ofrecen una panorámica extraordinaria del horizonte.

La Casa Medusa, ubicada en Marbella, en la costa mediterránea de España, es un hábil intento de fusionar el lujo con la presencia del agua y la natación. La construcción, escultórica, parte de una cáscara de hormigón diseñada con exactitud y se levanta en torno a una piscina con base de vidrio (para permitir que la luz natural que se filtra atraviese el agua de color turquesa y llegue a una terraza al aire libre). La piscina está suspendida en un voladizo de nueve metros, un logro técnico excepcional para una casa de tamaño modesto.

Los interiores se caracterizan por el hormigón pulido blanco y las superficies acristaladas, que adoptan matices verdosos. La azotea (a la que se puede acceder desde la piscina) permite contemplar el mar y las montañas de Sierra Blanca. El conjunto parece transparente, casi exhibicionista, pero en realidad se trata de una residencia privada diseñada para que destaque y, al mismo tiempo, conserve tanta intimidad como sea posible.

John Pawson
CASA DE PAROS I
2016 | Paros, Grecia

Ubicada en la isla griega de Paros, en un terreno ligeramente inclinado y cubierto de vegetación, esta casa forma parte de una serie de construcciones «cicládicas» situadas en parcelas orientadas al sur y con vistas al mar. De un blanco impoluto y proporciones relativamente modestas, está formada por volúmenes rectilíneos dispuestos sobre una plataforma de hormigón con la misma orientación. Rodeada de rocas, polvo, arena y arbustos, es un oasis en medio de un paisaje tórrido y desértico. La terraza al aire libre se asoma directamente al mar y las islas vecinas.

Esta villa se caracteriza por la cuidadosa articulación de sombras y luz natural. Sus superficies planas reflejan el sol del Egeo, mientras las contraventanas y los huecos profundos atenúan el calor en los espacios interiores, que se mantienen frescos durante la tarde y se abren para recibir la brisa nocturna.

Ubicada a orillas del lago Dunvegan, en la isla de Skye, en Escocia, la Casa del Acantilado se construyó para una pareja que buscaba refugio y privacidad. El edificio se concibió como dos volúmenes individuales, aunque interconectados, que se acurrucan en lo alto de una suave colina, oculta casi por completo desde la carretera. Un sendero serpentea hasta la entrada, un espacio diáfano que acompaña a los visitantes hasta el interior.

El exterior, de alerce, piedra de Caithness y hormigón pulido, contrasta con el espartano interior, diseñado para centrar la atención en las vistas y en las colecciones de objetos de los residentes. Los huecos entre los dos volúmenes están acristalados y permiten contemplar el agua y una panorámica general del entorno. Además, realzan los cambios de estado de los materiales que caracterizan la casa y su estrecha relación con el paisaje.

Cuando el proyecto de una casa exige que se minimice su impacto medioambiental, el arquitecto no dispone de demasiadas opciones. En el caso de la Casa del Poste, situada en la Great Ocean Road, en Australia, la solución fue sencilla: colocar una casa sobre una columna de trece metros de altura apoyada en una ladera que conduce a la playa.

El edificio se une a la tierra por medio de un puente que atraviesa la vegetación. La planta, un simple cuadrado colocado en diagonal, queda definida por dos fachadas con ventanas (las que dan al mar) y otras dos cerradas (las orientadas hacia la tierra). La casa, de un tamaño relativamente modesto, fue diseñada para que los residentes se centrasen en las espectaculares vistas del océano y la línea de la costa. Desde su elevada posición, controla el paisaje con su mirada vigilante, aunque no demasiado firme.

Simon Conder Associates
EL RAY
2008 | Playa de Dungeness, Kent, Reino Unido

El Ray es una casa de playa, orientada hacia el Canal de la Mancha, con planta en forma de tulipán. Se encuentra en el condado de Kent, en Reino Unido, no muy lejos de la central eléctrica de Dungeness, en una parcela que en otro tiempo estuvo ocupada por un vagón de tren reutilizado.

De hecho, el vagón permanece en el interior de la residencia unifamiliar que lo sustituyó, frente a una elevación sur acristalada que permite contemplar el agua y un faro cercano. La nueva casa que incorpora el antiguo vagón es una estructura de madera muy bien aislada que garantiza un interior fresco en verano y caliente en invierno. El tejado actúa como terraza y permite disfrutar de unas vistas panorámicas del paisaje circundante, muy llano y propenso a fuertes e inesperadas ráfagas de viento. Dos patios interiores hacen la función de cortavientos.

Tham & Videgård Arkitekter
CASA DE VERANO EN LAGNÖ
2012 | Lagnö, Suecia

De lejos, esta casa de verano, construida sobre un zócalo de hormigón de cara a una bahía del archipiélago de Estocolmo, parece una colección de típicas casas suecas con tejados a dos aguas. El lecho del archipiélago está formado por rocas de granito y la casa, con su acabado gris y sólida composición, se diseñó para que pareciese fundida con el terreno que ocupa.

Una serie de cuatro tejados a dos aguas forma dos únicos edificios unidos por una cubierta acristalada que reproduce la misma forma. Los techos bajos recuerdan los cobertizos para barcas de la zona. Los cálidos interiores, revestidos con madera, se orientan hacia una puerta corredera que se abre en dirección al agua. Los suelos de hormigón pulido, por su parte, delimitan la separación entre el espacio interior, el exterior y uno intermedio, la terraza. El edificio más pequeño, independiente y más próximo a la orilla, alberga una sauna.

Saunders Architecture
VILLA TYSSØY
2015 | Bergen, Noruega

Ubicada cerca de Bergen, en Noruega, la Villa Tyssøy es una sorprendente construcción de dos volúmenes blancos que brillan sobre la orilla del agua en un entorno natural poco poblado. Unas líneas angulosas convergen para crear un único bloque, sencillo y abstracto. Los elementos horizontales y las esquinas redondeadas conforman un edificio que resulta audaz y respetuoso al mismo tiempo, acorde con el paisaje que ocupa.

Si se observa desde el agua, la casa emerge sobre una colina cubierta de vegetación, con extensos ventanales orientados al mar. Las habitaciones del interior, de tamaño modesto y pintadas de blanco, aprovechan la luz de la zona para dar sensación de amplitud. Distribuidas con sencillez, da la impresión de que se impregnan del entorno.

[2] SOBRE EL AGUA

Los arquitectos contemporáneos disponen de una amplia gama de modelos históricos de construcciones sobre el agua, desde las tradicionales casetas de pescadores hasta las villas flotantes y otras propuestas más audaces. La idea, sin embargo, plantea una paradoja intrínseca, casi poética. Existen pocos edificios capaces de sortear el espacio que separa lo sólido de lo líquido, pero los que lo consiguen resultan extraordinarios, como lo demuestran los proyectos de este capítulo. Su éxito depende del equilibrio entre estructura, diseño y funcionalidad para traspasar la sutil (y, a veces, imperceptible) frontera que separa una casa que simplemente seduce a la vista de otra en la que, además, resulta agradable vivir.

Este tipo de estructuras suelen ser poco convencionales, pero su heterodoxia surge de la necesidad más que de la libre elección. Crear armonía entre un objeto inmóvil y un elemento natural mucho más voluble requiere técnicas y perspectivas innovadoras, tanto en el diseño como en la construcción. En algunos casos el edificio se convierte en orilla o en costa, en ribera o en escollera: no actúa como elemento incrustado en el paisaje, sino como paisaje en sí mismo. Y, como se puede comprobar en la variedad de casas y técnicas de este capítulo, este tipo de retos suelen proporcionar resultados espectaculares.

La Casa Tulia, ubicada en Kilifi, en Kenia, se asienta sobre una parcela de poco más de una hectárea orientada hacia el océano, entre un manglar y un acantilado de coral. La proximidad del agua, en un clima tan cálido y húmedo, permite que el edificio se pueda ventilar de manera natural, con el consiguiente ahorro energético.

La casa se caracteriza por una gran plataforma de la que desciende, a modo de incisión, una escalera de nueve metros de ancho. La escalera desemboca en un patio interior con piscina desde la que no se ve el océano, aunque se perciben sus sonidos y aromas. El edificio se construyó con los materiales locales más económicos: hormigón, piedras de coral extraídas en la zona y, en el exterior, estuco. Casi todas las habitaciones se encuentran en la planta superior. La distribución del interior se modifica por medio de los «diafragmas» y pantallas de madera que moldean y compartimentan los espacios.

Hughes Umbanhowar Architects (HUUM)
CABAÑA PARTEAGUAS
2013 | Big Timber, Montana, EE. UU.

Construida en medio de varios estanques superficiales alimentados por el río Yellowstone, esta casa es una intersección de planos y plataformas que dan sombra a los espacios interiores y delimitan los suelos y habitaciones. Ubicado en Big Timber, Montana, el edificio se asienta sobre un zócalo elevado para permitir que las aguas circundantes, que crecen y menguan según las horas y estaciones, fluyan alrededor y bajo los cimientos.

El interior está diseñado para contemplar el paisaje en todas las direcciones. Los espacios comunes, llenos de luz, están tratados con maderas duras y puntos focales de hormigón, como la enorme chimenea. Unas terrazas de madera conducen hacia la orilla y permiten el acceso inmediato al paisaje desde cualquier parte de la casa.

Ubicadas en una pequeña isla del archipiélago de Steigen, en el norte de Noruega, estas cuatro cabañas ofrecen alojamiento a los visitantes que disfrutan del senderismo, la pesca, el buceo y el esquí que se pueden practicar en la zona. Los edificios dialogan con su entorno, posados sobre un rompeolas rocoso frente a las aguas frías y transparentes del mar de Noruega. Construidas con madera clara y acristaladas por completo en su parte exterior, la orientación de cada cabaña permite maximizar las vistas del agua y mantener la intimidad frente al resto.

Los interiores, diseñados para una ocupación fundamentalmente estival, son luminosos y brillantes, minimalistas: se caracterizan por su discreción, que refleja la vida sencilla de las islas.

Refugio es una residencia ubicada en plena naturaleza rodeada por un estanque, juncos y una marisma. Construida por un maestro carpintero local como una extensión de un edificio de ladrillo ya existente, la casa de madera parece flotar sobre el agua. El techo de tejas de madera roja recoge el agua por medio de unos caños de cobre y la devuelve al estanque.

La madera también es protagonista de los espacios interiores: cubre suelos y techos y crea una atmósfera confortable. Las puertas se pueden abrir en dirección al agua y los muros permeables actúan como intermediarios entre la vida doméstica y la vida al aire libre. En un clima tan variable como el belga, este concepto supone una forma innovadora de vivir en el campo.

Elliott + Elliott Architecture
CASA SOBRE EL MAR
2014 | Surry, Maine, EE. UU.

La relación de esta casa con la bahía de Blue Hill, en Surry, en el estado de Maine, es bastante incierta (apenas se ve afectada por sus aguas). La estructura de una sola planta se eleva sobre unos pilares de madera que protegen el edificio de las mareas y la erosión gradual de la costa. En la base de las columnas, en la orilla, la terraza orientada al sur recibe la sombra de la estructura que tiene encima. La casa está acristalada por tres de sus lados con grandes vistas al mar, pero la zona de entrada desde tierra (que alberga los cuartos de baño y la cocina) es bastante más cerrada, con un revestimiento de tejas de madera típicas de la zona. El interior, en tonos azules y verdes suaves, evoca los colores característicos de su entorno.

Friday / Universidad de Coimbra
FLOATWING
2015 | Alqueva, Portugal

Esta casa flotante destaca por su movilidad. Un grupo de estudiantes y profesores de la Universidad de Coimbra diseñó la estructura modular (totalmente autosuficiente durante una semana), que se puede asentar en los ríos y lagos más remotos e inhóspitos del planeta.

Con seis metros de anchura y entre diez y dieciocho metros de longitud (en función de la distribución y las necesidades), la residencia tiene un característico aire marino, con su interior funcional y minimalista revestido con madera aislante. La azotea ofrece vistas elevadas de la superficie acuática sobre la que flota el conjunto, y la terraza frontal está equipada con un motor fueraborda, un equipamiento poco habitual en una casa pero completamente necesario en este caso.

John Wardle Architects

CASA DE LOS ESQUILADORES

2011 | Isla de Bruny Norte, Tasmania, Australia

Parte de una granja de ovejas en activo del norte de la isla de Bruny Norte, en Tasmania, la Casa de los Esquiladores es una residencia ubicada en el terreno de un antiguo cobertizo para esquilar, junto a una casa de campo ya existente. El revestimiento interior del edificio es de madera de pino y en el exterior se utilizó hierro galvanizado corrugado, lo que le confiere un cierto aire industrial.

Diseñada para albergar a los trabajadores durante la temporada de esquila, la casa cuenta con unos muebles sencillos, en un intento de lograr que el interior se centre en el paisaje exterior. Los espacios comunes ofrecen vistas directas al mar, sin complejos. Los dormitorios están forrados con cajas de manzanas recicladas que los arquitectos consiguieron en la zona.

CASA EN FLORIDA BEACH

2011 | Palm Beach, Australia

Esta casa es una residencia privada situada en Palm Beach, en la costa índica de Australia. La extensa construcción está cubierta por un tejado ondulado de grandes dimensiones, formado por subidas y bajadas esculturales. Los aleros alivian el sol estival, pero permiten la entrada del sol invernal, más bajo. La generosa vegetación difumina la frontera entre el interior y el exterior. Unas terrazas ubicadas en los cuatro ejes de la casa permiten que los residentes disfruten de espacio al aire libre en cualquier época del año.

Aunque el terreno se extiende hasta la playa y el diseño recuerda a los movimientos del océano con su blancura en flujo constante, la residencia no tiene vistas directas del mar.

KieranTimberlake

CASA LOBLOLLY

2006 | Isla Taylors, Maryland, EE. UU.

La Casa Loblolly, localizada en la isla Taylors, en Maryland, es en esencia una casa árbol. Ubicada entre un bosque de pinos y unas marismas, la casa se apoya sobre una estructura de postes de madera (todos torcidos ligeramente) que se mimetizan con los árboles de detrás. Este extraño camuflaje crea una especie de galería debajo del edificio que favorece la circulación de la brisa y permite tener vistas elevadas de toda la bahía. Las amplias ventanas de los espacios comunes están orientadas hacia el agua y se pueden abrir por completo. En el corazón de la casa hay una pasarela que une la residencia principal con las habitaciones de invitados. Esta estructura, una especie de chimenea de vidrio tintado, adquiere un brillo anaranjado cuando el sol se desplaza hacia el oeste.

La Cabaña Lille Arøya de Larvik, en Noruega, se asienta sobre un pequeño afloramiento rocoso, a solo unos metros de la orilla del mar. La casa, espaciosa pero baja, prácticamente invisible desde casi todas las partes de la isla en la que se encuentra ubicada, está expuesta a los elementos naturales y solo se puede acceder a ella en barca.

Construida con vigas de madera y columnas de acero galvanizado, la estructura consta de dos volúmenes fijados sobre la roca y tiene un área habitable modesta. Los niveles del suelo se amoldan a la topografía del terreno, de modo que la secuencia interna del edificio se relaciona con el paisaje de forma natural. Las habitaciones interiores, orientadas al mar, se caracterizan por la presencia de maderas claras y hormigón ligeramente texturado, que proporcionan una atmósfera cálida y armónica.

STUPET, REFUGIO MEDIANTE UNA ESCALERA

2013 | Vättern, Suecia

Asentada sobre un acantilado de Vättern, cerca de Omberg (Suecia), esta casa se sirve de diversos materiales rústicos para fusionar su aspecto con el del paisaje circundante, compuesto sobre todo por roca y bosques. Los umbrales están situados al nivel de la topografía del terreno y los espacios interiores fluyen sin interrupciones hacia la parte superior del acantilado y hacia abajo, hacia el agua.

Se trata, en definitiva, de un intento de difuminar los límites entre el sosegado y apacible espacio interior y el escarpado paisaje natural por medio de sutiles desplazamientos estéticos y estructurales. La diferencia entre los muros y el techo es mínima, un detalle que permite que el edificio se perciba como un proyecto único y coherente.

Esta sencilla residencia se encuentra a orillas del lago Duich en Kintail, Letterfearn (Escocia) y tiene como telón de fondo la cordillera de las Cinco Hermanas. Una estructura tradicional con tejado a dos aguas y fachada acristalada se proyecta en el agua y permite increíbles vistas desde el interior. El edificio reproduce las proporciones de una casa ya existente, a la que está unido, y combina la nueva construcción y la remodelación de un modo continuo (aunque no completamente moderno).

Desde la escalera que une la planta baja y los niveles superiores se puede contemplar el cielo y partes elevadas del paisaje gracias a un gran tragaluz. Los grandes vanos vidriados permiten que la brillante luz de las Highlands inunde los espacios interiores, pintados de blanco y combinados con alguna pared revestida con madera.

PAD Studio, SPUD Group y Stephen Turner
HUEVO EXBURY
2013 | Río Beaulieu, Hampshire, Reino Unido

Ubicado en el estuario del río Beaulieu, antes conocido como río Exe, en New Forest, en el sur de Inglaterra, el Huevo Exbury es un notable logro escultórico diseñado para explorar nuevas formas de vivir en entornos naturales. Esta casa flotante de madera tiene como objetivo minimizar el impacto medioambiental y, al parecer, se inspiró en los nidos de las aves marinas que anidan en las riberas de este curso fluvial.

Un constructor de barcos local creó la armazón de madera, moldeada en frío y recubierta con madera de cedro reciclada. El interior es poco espacioso, pero su forma, perfecta, permite albergar una hamaca (la cama ideal para una casa flotante), un escritorio, una pequeña estufa y una claraboya ovalada que deja ver el cielo.

MOS Architects
CASA FLOTANTE
2005 | Lago Hurón, Ontario, Canadá

Este edificio fue diseñado para poder soportar la marcada estacionalidad del severo clima de una isla situada en el lago Hurón, Ontario. Ubicada en una ensenada, la casa actúa como un puente entre los dos lados de la bahía, conectada a tierra firme por sendas pasarelas. El conjunto, construido en madera (salvo la estructura de acero y el sistema de flotación), reproduce el estilo arquitectónico tradicional de la zona, de modo que la simetría de su fachada resulta a la vez discreta y repentinamente extraña.

Las amplias ventanas del piso superior están orientadas al lago y la sencillez del interior dirige la atención a las vistas del entorno, definido por afloramientos rocosos, bosques, agua y un amplio horizonte.

Gray Organschi Architecture
CASA JUNTO AL MAR
2011 | Shelter Island, Nueva York, EE. UU.

Esta casa está ubicada en Shelter Island, Nueva York, en una zona de dunas junto al mar. La estrecha piscina, orientada hacia la bahía y rodeada de terrazas, se protege de las miradas indiscretas con vegetación autóctona. La zona exterior viene definida por un largo muro de cedro, pintado de negro, que separa el acceso para vehículos de la entrada.

La zona de la vivienda está compuesta por una serie de espacios diseñados para disfrutar de las vistas del agua. Los coloridos interiores, con suelos y techos de madera, contribuyen al aspecto informal de la residencia. Una gran chimenea circular domina el salón principal, que saca el máximo partido de la clara luz oceánica.

BLANKPAGE Architects (Karim Nader, Patrick Mezher y Walid Ghantous)
RESIDENCIA EN AMCHIT
2014 | Amchit, Líbano

Esbelta, alargada y transparente, la Residencia en Amchit fue diseñada con el objetivo explícito de establecer una relación compleja con el mar que acaricia la playa a solo unos pasos de la casa. Los arquitectos la concibieron como una serie de plataformas en distintos niveles, unas superficies horizontales que fijan la casa al terreno que ocupa, muy inclinado, y la prolongan hacia el horizonte.

La estructura de acero y paneles de vidrio permite que la casa interactúe con la luz y las sombras. Las sombras se solapan en los espacios interiores y adquieren distintas longitudes en función del momento del día. Como la casa está orientada hacia el oeste, hacia el mar, el rojo intenso del sol al atardecer se proyecta sobre el agua e incide directamente sobre los compactos espacios comunes.

Felipe Assadi
CASA BAHÍA AZUL
2014 | Los Vilos, Chile

Los Vilos es una localidad chilena famosa por su costa, accidentada y majestuosa. La Casa Bahía Azul fue diseñada para levantarse en un afloramiento rocoso que desciende hacia el océano con una ligera inclinación. Desde el exterior, parece una estructura desequilibrada e inestable, apoyada en precario equilibrio sobre dos rocas. Esta impresión contrasta con un interior más convencional en el que los elegantes espacios, con acabados en piedra y hormigón, miran hacia el agua en una inteligente combinación de pasillos y vanos, de habitaciones y patios abiertos.

La casa, definida por la ladera en la que se asienta, se camufla en el entorno de rocas escarpadas. Integración en la naturaleza en estado puro que da testimonio del poder de la arquitectura para reordenar el paisaje.

CASA ROCA

2009 | Vestfold, Noruega

Situada en la costa noruega de Vestfold, cerca de Oslo, la Casa Roca se levanta sobre una vivienda anterior e incorpora los muros de piedra existentes. Los permisos de construcción exigían respetar al máximo la topografía del terreno y minimizar el impacto medioambiental. Para lograrlo, la casa está revestida con madera de Kebony, sometida a un tratamiento que permite una buena durabilidad y mitiga los efectos corrosivos del agua salada.

La estructura, baja y alargada, está orientada al agua. La cuidadosa distribución de los volúmenes protege las zonas exteriores de los fuertes vientos de la zona y crea pequeños espacios habitables al aire libre. Los muros de piedra, que se prolongaron con rocas extraídas por voladura en el mismo lugar, crean un fuerte vínculo entre la casa y las formaciones del acantilado. A pesar de su diseño protector, la Casa Roca aprovecha al máximo las vistas del fiordo.

CASA SUNSET ROCK

2011 | Shag Harbour, Nueva Escocia, Canadá

Ubicada en la costa meridional de Nueva Escocia, en Canadá, la Casa Sunset Rock combina una presencia imponente con un mínimo impacto medioambiental. El volumen principal, que parece una cuchilla en equilibrio sobre el océano, se eleva sobre unas finas aletas de hormigón. La orientación, hacia el oeste, permite capturar la luz natural al atardecer cuando el sol está a punto de desaparecer en el horizonte.

Fabricada por unos constructores de barcos locales, la casa tiene un aire claramente náutico con su revestimiento de láminas de metal corrugado gris y contrachapado de calidad marina, materiales que son capaces de resistir las cambiantes condiciones climatológicas del océano. Las densas nieblas frecuentes en la zona hacen que a menudo el edificio desaparezca casi por completo; al amanecer y al anochecer, su perfil parece un barco a la deriva.

[3] REFLEJADAS EN EL AGUA

Los arquitectos combinan las propiedades de la luz y del agua desde tiempos inmemoriales, en muchos casos con efectos impresionantes. Venecia, uno de los ejemplos más logrados de «arquitectura flotante», decidió enfrentarse a un entorno difícil (cuando se fundó, esta ciudad italiana era poco más que una marisma infestada de mosquitos) mediante la construcción de edificios que provocan asombro por su nivel de ingenio y funcionalidad. En las aguas de Turner, Monet y Canaletto da la impresión de que el horizonte se desplaza y los edificios se difuminan entre dos amplias extensiones: el agua y el cielo.

Las casas ubicadas cerca de una masa de agua exigen tener conciencia de las consecuencias que tendrá su presencia; las imágenes que devuelve el agua, amplificadas y espectaculares, transmiten un reflejo aún más auténtico de la relevancia de la construcción en el paisaje. La luz adquiere una intensidad distinta, al igual que los patrones acústicos, y el modo en que formas y volúmenes complementan u ocultan el entorno adquiere una enorme importancia.

La perspectiva puede variar en función del lugar y del cliente, pero la voluntad explícita de crear un vínculo inteligente con el agua por medio del reflejo, con sus constantes mutaciones y desplazamientos, es un propósito digno de elogio. Como veremos en este capítulo, el proyecto que logra este singular objetivo suele desplegar un amplio abanico de técnicas, materiales expresivos, proporciones y control de vistas que permite al edificio mimetizarse con su entorno. Construir una casa que se refleja en el agua significa aceptar el papel que la arquitectura juega en la naturaleza, siempre cambiante.

La Domus Aurea (Casa Dorada) de Monterrey, en México, es una residencia luminosa que rinde homenaje a Luis Barragán, el arquitecto mexicano que se ha convertido en un referente de la arquitectura de su país. El interior y el exterior, de un blanco inmaculado, complementan la majestuosa declaración de intenciones de una única gran pared dorada, y toda la casa expresa un modo de vida bastante doctrinal definido por líneas claras, ángulos rectos y una intensa pureza espacial.

Acabada con materiales de una calidad excepcional, la casa tiene una entrada principal con revestimientos de mármol. Aquí, en la planta baja, se encuentran las áreas públicas; el segundo nivel alberga espacios más privados con vistas a patios y terrazas. La piscina está situada en la azotea, en la última planta, donde destaca un gran vano rectangular que permite contemplar el entorno urbano.

Esta residencia unifamiliar con casa de huéspedes está ubicada en el corazón de una reserva forestal de Newberg, en Oregón, frente a un estanque artificial y rodeada de altos y frondosos árboles. La casa está formada por un único volumen de poca altura, discreto, construido casi en su totalidad con madera tratada.

Un pequeño puente sobre una superficie de agua poco profunda da acceso a la casa. El interior es modesto y acogedor. Las pareces acristaladas, más altas que las del fondo debido a la forma inclinada del techo, están orientadas hacia el agua. El majestuoso estanque, siguiendo la tradición de los jardines decimonónicos del norte de Europa, proporciona reflejos alargados y precisos. La superficie del agua funde la casa, el cielo y los árboles cercanos en una visión idílica y singular de la vida en el campo.

Design Unit
VILLA DAMA ZAMYA
2010 | Phuket, Tailandia

La Villa Dama zAmya, situada en una remota isla tailandesa próxima a Phuket, está diseñada para ser totalmente autosuficiente: el agua procede de un pozo y la electricidad se obtiene por medio de fuentes de energía renovables. La cara norte del edificio está orientada al océano, mientras que el sur y el este miran directamente a la selva tropical. La casa dispone de dos residencias separadas que comparten una terraza y una piscina. El tejado cubierto de hierba permite que el conjunto se funda con su entorno y, al mismo tiempo, refresca su microclima. Las vistas del océano están cuidadosamente organizadas para maximizar el efecto. El agua no se ve de inmediato sino a través de una meticulosa distribución de muros, ventanas y modificaciones del paisaje. En las zonas comunes principales del nivel superior, sin embargo, se puede disfrutar de una vista completa del océano y el horizonte. La terraza da acceso a una piscina que emerge con suavidad sobre un extenso manto verde y refleja los audaces movimientos estructurales que definen la villa.

Graham Phillips
CASA SKYWOOD
1999 | Middlesex, Reino Unido

La Casa Skywood, ubicada en Middlesex, en Reino Unido, es la encarnación perfecta de las mansiones suntuosas y minimalistas de las películas de Hollywood. Situada entre una enorme y oscura piscina y un lago artificial, el conjunto es, en esencia, un estudio a gran escala del espacio, el vidrio y la ambigüedad de las superficies reflejadas.

La casa, construida con minuciosidad, tiene un suelo de piedra caliza pulida que se extiende desde los espacios interiores a los exteriores y regresa de nuevo al interior. Esta superficie continua de tono blanco roto, al igual que otras de blanco reluciente del conjunto, proporciona el lienzo perfecto en el que las sombras se fijan y dispersan. Los parasoles separan luz y sombra con precisión y crean perfectas líneas perpendiculares. La transparencia se trata como un arte, no como una consecuencia.

La Casa Acantilado de Chowara es una espaciosa residencia diseñada para sacar el máximo partido del intenso clima tropical del estado de Kerala, en la India. Situada en lo alto de un escarpado acantilado, con vistas panorámicas del mar Arábigo, los espacios se distribuyen en torno a una gran piscina reflectante rodeada por una frondosa plantación de cocoteros.

Abierta a la cálida brisa marina, la casa se caracteriza por un largo muro de hormigón sesgado en el que se apoya un tejado que actúa como parasol. Los paneles de pizarra, madera y piedra de Kota crean una exuberante paleta de materiales que equilibra la estética limpia y minimalista del interior. Da la impresión de que la piscina, que se diseñó para reflejar los ángulos del edificio y bifurcarlos, desagua en el borde del acantilado.

CASA EN PIEDRA LÍQUIDA

2013 | Khopoli, Maharashtra, India

Esta casa del estado de Maharashtra, en la India, es un meticuloso diagrama espacial pensado para la vida en el trópico. Situada sobre un afloramiento de basalto rocoso, la casa fue diseñada para dar la impresión de que surge del interior de la tierra. El hormigón, el principal material de construcción, se mezcló con basalto granular local, responsable de sus impresionantes tonos oscuros.

Los espacios comunes se construyeron en función de las dificultades climáticas de la zona (los monzones y la humedad atmosférica), con una distribución pensada para aplacar los elementos naturales y, al mismo tiempo, aprovechar las vistas del entorno. El edificio se caracteriza por una combinación perfecta de salas oscuras y espacios abiertos. Y, en la parte superior, una vertiginosa piscina en el extremo de la terraza abierta refleja el cambiante cromatismo del cielo mientras parece dialogar con las colinas circundantes.

Tadao Ando Architect & Associates

CASA EN MONTERREY

2011 | Monterrey, México

Esta residencia de verano diseñada por el célebre arquitecto japonés Tadao Ando se encuentra en el Parque Nacional Cumbres de Monterrey y está rodeada por una topografía ondulada y escarpadas pendientes. El edificio de hormigón, situado en medio de una inclinada colina, proyecta las líneas angulosas de sus volúmenes en una piscina construida en voladizo sobre el borde de una ladera.

La casa, de carácter minimalista, se divide en dos alas dispuestas en torno a una biblioteca de doble altura. Un estanque poco profundo ocupa un patio abierto y muy visible en el centro del conjunto. Las paredes acristaladas y la meticulosa ubicación de las ventanas ofrecen vistas del entorno, cálido y seco.

RESIDENCIA DE TYAGI

2006 | Bangalore, India

La Residencia de Tyagi en Bangalore, en la India, debe su nombre a su propietario y ocupante y está formada por una serie de habitaciones que se organizan alrededor de una gran piscina central. La estructura de la casa, una compleja composición de planos y superficies entrecruzados, crea este hueco interno en un intento de simplificación.

Las vistas de la piscina desde el interior se han maximizado con el objetivo de que el agua «complete» las habitaciones, que reflejan y prolongan su presencia en el gran espacio central. Una intrincada construcción de tragaluces y pantallas distribuye la luz que entra en la casa y crea un mar de reflejos y sombras rectilíneas cambiantes según el momento del día.

VILLA KOGELHOF

2013 | Noord-Beveland, Países Bajos

La Villa Kogelhof, ubicada en Kamperland, una localidad costera del sur de los Países Bajos, lleva a la práctica un nuevo concepto arquitectónico simple y sorprendente. Un único volumen de vidrio que se eleva a gran altura sobre una piscina rectangular constituye la mitad visible y flotante de la casa. Un volumen subterráneo le sirve de apoyo. La villa se encuentra en el corazón de un terreno protegido de diez hectáreas. La planta, abierta por completo, tiene como únicas divisiones una serie de habitaciones y separadores de vidrio. La visibilidad tiene total prioridad: la del paisaje circundante y la de los espacios interiores. Autosuficiente en muchos aspectos, el edificio genera su propia energía y permite un estilo de vida sostenible y moderno, incluso lujoso.

Takuro Yamamoto Architects

CUEVA BLANCA

2013 | Kanazawa, Japón

La Cueva Blanca de Kanazawa, en Japón, está compuesta por un volumen sólido articulado mediante una compleja distribución de huecos y espacios interiores. El diseño de la casa, pintada de blanco por dentro y por fuera, aprovecha la luz refractada que inunda el patio central, completamente aislado de la calle.

La azotea alberga una piscina amplia pero poco profunda y comparte el alto grado de intimidad del edificio. La superficie del agua cumple dos funciones: refleja el cielo (con su movimiento y sus colores cambiantes, que rompen la monotonía blanca de la casa) y define un espacio fresco y agradable para las tardes de verano.

Atelier d'Architecture Bruno Erpicum
& Partners (AABE)
AIBS
2002 | Ibiza, España

Escondida en un escarpado acantilado a 159 metros de altitud, esta casa dispone de unas vistas impresionantes del mar Balear. El diseño, pintado de blanco por dentro y por fuera, está compuesto solo por líneas rectas y se caracteriza por unos patios interiores y rincones cercados que permiten refugiarse del brillante sol mediterráneo.

Si nos acercamos a la casa desde el lado de tierra encontramos una escalera que desciende por un afloramiento rocoso cubierto de vegetación. Los grandes ventanales enmarcan las vistas del mar y protegen la vivienda de los fuertes vientos. Los patios crean un diálogo especial entre los espacios interiores y el entorno, y la piscina parece perderse en el horizonte mientras refleja el cielo y los ángulos del edificio. Desde la casa, el alboroto de las olas es solo un murmullo distante.

John Robert Nilsson Arkitektkontor

VILLA ÖVERBY

2009 | Värmdö, Estocolmo, Suecia

Villa Överby es una casa de verano situada en Värmdö, una isla del archipiélago de Estocolmo, en Suecia. La expresión formal del edificio es engañosamente sencilla: un volumen rectangular con vistas al mar en dos de sus lados. Sin embargo, el conjunto destaca por la precisión de su ejecución. El interés por simplificar y ocultar todo aquello que pueda dificultar las vistas (por ejemplo los elementos de iluminación y ventilación) dota a la villa de una notable unidad.

Construida en piedra y fijada a la superficie rocosa, la casa utiliza una gama básica de materiales claros y resistentes. La piedra caliza de Gotland, el fresno blanco y las superficies de un blanco inmaculado se combinan para concebir una arquitectura que da testimonio de las posibilidades que ofrecen avanzados sistemas tecnológicos. Sin embargo, la piscina que ocupa el borde de la terraza parece fundirse con el paisaje, tal vez como muestra de que la diferencia entre lo natural y lo artificial no siempre es tan clara.

Olson Kundig

CASA DE RETIRO POLE PASS

2013 | Islas San Juan, Washington, EE. UU.

Ubicado en las islas San Juan que separan el estado de Washington de Canadá, Pole Pass es un sencillo lugar de retiro situado a orillas del mar Salish. Dado que el clima estival de la zona es templado, las paredes acristaladas del salón principal se pueden abrir por completo.

Diseñada para camuflarse con su entorno, la casa tiene una forma sorprendente que hace referencia a la verticalidad de los árboles que rodean el terreno y a la horizontalidad del agua: diversos espacios comunes abiertos bajo una serie de superficies planas a modo de tejado. De este modo, cuando las paredes de cristal se abren, la frontera entre el paisaje y los espacios interiores se difumina totalmente. Para profundizar en este diálogo entre la vida doméstica y la vida al aire libre, una de las encimeras de la cocina se extiende en voladizo en un patio cubierto.

CASA DE PLAYA

2016 | Victoria Beach, Canadá

La orientación de esta casa de la localidad canadiense de Victoria Beach tiene un único propósito: aprovechar al máximo las espectaculares vistas del lago. El edificio, diseñado para evocar las cabañas tradicionales de la zona, cuya estructura combina piedra y madera, es bajo y discreto, y mira al agua con autosuficiencia.

Una de las paredes, totalmente acristalada, se abre a una amplia terraza y consigue crear un estrecho vínculo entre la casa y el agua que está a solo unos pasos. La ligera elevación del terreno sobre el nivel del agua permite disfrutar de las excelentes vistas panorámicas y las espectaculares condiciones climatológicas de este lago canadiense. El revestimiento de tablones de cedro confiere al conjunto un aire casi marítimo: con el tiempo, el rojo intenso de la madera se convertirá en un tono plateado y brillante, casi blanco.

Studio MK27
CASA PUNTA
2011 | Punta del Este, Uruguay

Ubicada a orillas de un embalse de Punta del Este, en la costa meridional de Uruguay, esta casa de un solo nivel diseñada por Studio MK27 (Marcio Kogan y Suzana Glogowski), con interiores de Studio MK27 y Diana Radomysler, se caracteriza ante todo por la disposición ortogonal de los muros, tejados y espacios que tratan de difuminar la frontera entre el interior y el exterior. La casa está formada por una enorme losa de hormigón bajo la que se encuentran los espacios comunes y los dormitorios, rodeados por estructuras de madera.

Los muros y suelos se construyeron con un material autóctono conocido como «piedra laja», que confiere al conjunto un carácter rústico. La adición de flora silvestre y de otros tipos de vegetación en torno a los límites del edificio forma parte de la intención del cliente: crear un estrecho vínculo entre la residencia y el paisaje circundante, especialmente el embalse, cuyos reflejos a la salida y puesta del sol potencian un espacio de vida natural.

Los números de página en **negrita** remiten a fotografías.

[1] CON VISTAS AL AGUA

Jan Bitter Fotografie: 62, 63, 64, 65; © David Chipperfield Architects: 14, 15, 16, 17; Carlos Eguiguren: 58, 59, 60, 61; Stale Eriksen y decaARCHITECTURE: 18, 19, 20, 21, 22, 23; Joe Fletcher Photography: 24, 25, 26, 27; Helge Garke: 79; © Chris Gascoigne: 82, 83; Jesús Granada: 32, 33, 34, 35; © Hannes Henz Architekturfotograf: 52, 53, 54, 55, 56, 57; © Nick Kane www.nickkane.co.uk: 48, 49, 50, 51; Andrew Lee: 70, 71; Foto: Åke E:son Lindman: 84, 85, 86, 87; Matt Lord: 72, 73; Marcos Mendizabal: 36, 37, 38, 39; Tanja Milbourne: 74, 75; www.jordimiralles.com: 40, 41, 42, 43; Diego Opazo: 28, 29, 30, 31; Rafael Pinho: 77, 78 (a); Sergio Pirrone: 44, 45, 46, 47; cortesía de PK Arkitektar: 76, 78 (d); Claudio Reis: 10, 11, 12, 13; Paul Smoothy: 80, 81; Fotografía: © Bent René Synnevåg: 88, 89, 90, 91; Douglas Tuck: 66, 67, 68, 69.

[2] SOBRE EL AGUA

Peter Aaron / OTTO: 146, 147, 148, 149, 150, 151; Fotografía: Fernando Alda: 186, 187, 188, 189, 190, 191; Foto: Trent Bell: 124, 125, 126, 127, 128, 129; Peter Bennetts: 140, 141, 142, 143, 144, 145; Laura Brown: 122, 123; Javier Callejas, javiercallejas.com: 96, 97, 98, 99, 100, 101; © josecamposphotography: 130, 131, 132, 133; Kristien Daem: 120, 121; Nils Petter Dale: 192, 193, 194, 195; Stephen Dunn Photography: 110, 111; Gibeon Photography: 108, 109, 112, 113; cortesía de Gray Organschi Architecture: 176, 177, 178, 179; Foto: Florian Holzherr: 172, 173, 174, 175; Mika Huisman: 102, 103, 104, 105, 106, 107; Steve King: 114, 115, 118; Ivar Kvaal: 152, 154, 155, 157; Foto: Åke E:son Lindman: 158, 159, 160, 161; © Trevor Mein: 134, 135, 136, 137, 138, 139; Greg Richardson: 196, 197, 198, 199; Nigel Rigden: 162, 163, 164, 165, 166, 167, 168, 169, 170, 171; Leva Saudargaite: 180, 181, 182, 183, 184, 185; Siggen Stinessen: 116, 117, 119; Alexander Westberg: 153, 156.

[3] REFLEJADAS EN EL AGUA

Benjamin Benschneider: 256, 257, 258, 259; Fotografía de Jeremy Bittermann: 210, 211, 212, 213; Javier Callejas, javiercallejas.com: 204, 205, 206, 207, 208, 209; Fotografía: Reinaldo Cóser: 264, 265, 266, 267; Fotofrafía: Gary Dublanko: 214, 215, 216, 217, 218, 219; Jerry Grajewski, Grajewski Fotograph Inc.: 260, 261, 262, 263; Jean-Luc Laloux photographer: 248, 249, 250, 251; Foto: Åke E:son Lindman: 252, 253, 254, 255; Jeroen Musch: 240, 241; Foto de Shigeo Ogawa: 234, 235; Fotografía: 230, 231, 232, 233; Bharath Ramamrutham, cortesía de Khosla Associates: 224, 225, 226, 227, 228, 229; Misha de Ridder: 242, 243; Ken'ichi Suzuki: 244, 245, 246, 247; Tushar Vasudevan: 236, 237, 238, 239; © Nigel Young / Foster + Partners: 220, 221, 222, 223.

Phaidon Press Limited
Regent's Wharf
All Saints Street
Londres N1 9PA

Phaidon Press Inc.
65 Bleecker Street
Nueva York, NY 10012

phaidon.com

Primera edición en español 2018

ISBN 978 0 7148 7617 7

Directora editorial: Emilia Terragni
Editor de proyecto: François-Luc Giraldeau
Producción: Nerissa Vales
Diseño: Studio Joost Grootens / Joost Grootens, Julie da Silva, Silke Koeck
Texto: James Taylor-Foster
Responsable de la edición española: Capucine Coninx

Traducción del inglés: Miguel Serrano y Ángeles Llamazares para Cillero & de Motta

Impreso en China

El editor desea agradecer a Tanya Heinrich, Lisa Delgado, Susan Clements y Laura Loesch-Quintin su contribución en esta obra.